Celebremos las fechas patrias

Día de los Caídos

Aaron Carr

Huntington City Township
WITHDRAWN
255 West Park Drive
Huntington, IN 46750

SPANISH & ENGLISH eBOOKS
AV2
BY WEIGL™
ADDED VALUE · AUDIO VISUAL

www.av2books.com

El enriquecido libro electrónico AV² te ofrece una experiencia bilingüe completa entre el inglés y el español para aprender el vocabulario de los dos idiomas.

This AV² media enhanced book gives you a fully bilingual experience between English and Spanish to learn the vocabulary of both languages.

Visita nuestro sitio **www.av2books.com** e ingresa el código único del libro.
Go to www.av2books.com, and enter this book's unique code.

CÓDIGO DEL LIBRO
BOOK CODE

G 243933

AV² de Weigl te ofrece enriquecidos libros electrónicos que favorecen el aprendizaje activo.
AV² by Weigl brings you media enhanced books that support active learning.

Spanish

English

Navegación bilingüe AV²
AV² Bilingual Navigation

CERRAR
CLOSE

INICIO
HOME

OPCIÓN DE IDIOMA
LANGUAGE TOGGLE

CAMBIAR LA PÁGINA
PAGE TURNING

VISTA PRELIMINAR
PAGE PREVIEW

2 Copyright ©2016 AV² de Weigl. Library of Congress Cataloging-in-Publication Data se encuentra en la página 24.
Copyright ©2016 AV² by Weigl. Library of Congress Cataloging-in-Publication Data is located on page 24.

Celebremos las fechas patrias

Día de los Caídos

ÍNDICE

3

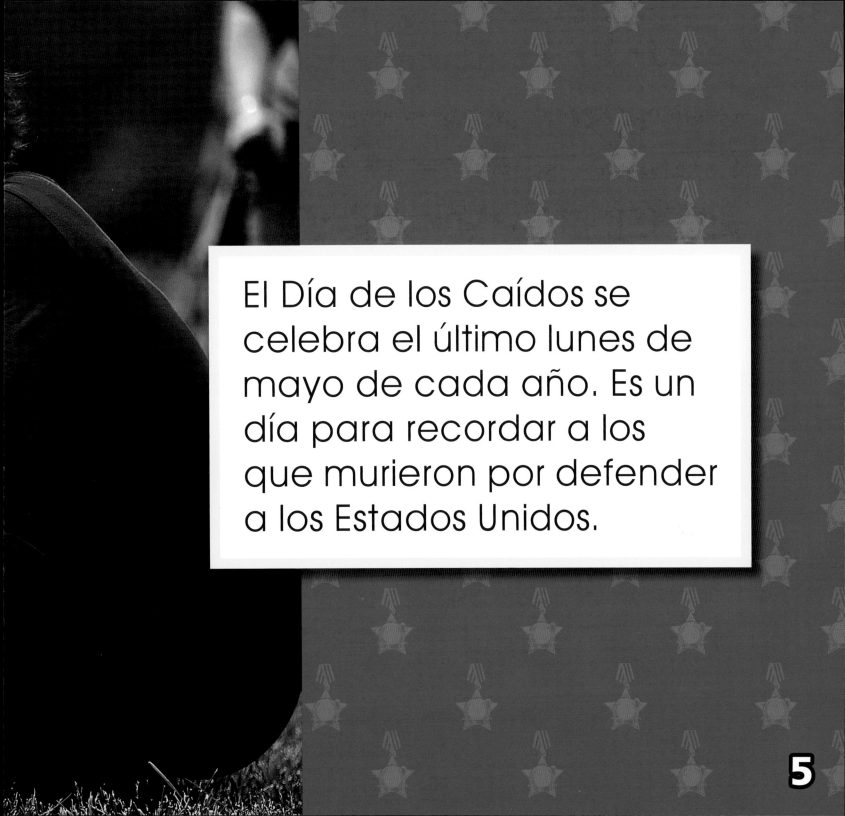

El Día de los Caídos se celebra el último lunes de mayo de cada año. Es un día para recordar a los que murieron por defender a los Estados Unidos.

El Día de los Caídos comenzó a conmemorarse poco después de la Guerra Civil. La gente quería honrar a los muertos en combate.

La primera conmemoración oficial del Día de los Caídos se realizó en Waterloo, Nueva York.

John A. Logan fue un general de la Guerra Civil. Ordenó que el 30 de mayo fuera el día para recordar a los soldados que murieron en la Guerra.

El Día de los Caídos fue declarado oficialmente en 1971.

El Día de los Caídos se conmemora en todos los Estados Unidos. Muchas ciudades realizan desfiles y conciertos ese día.

Todos los años, se organiza un gran concierto en Washington, D.C.

11

La gente se reúne en los monumentos y cementerios para recordar a los soldados caídos. Colocan flores y coronas para decorar las tumbas de los soldados.

Durante el fin de semana del Día de los Caídos, se colocan banderas frente a las tumbas del Cementerio Nacional de Arlington.

En el Día de los Caídos, se realizan eventos para honrar a los soldados estadounidenses. Durante estos eventos, se hace un minuto de silencio a las 3:00 pm para recordar a quienes murieron en combate.

Huntington City Township
Public Library
255 West Park Drive
Huntington, IN 46750
www.huntingtonpub.lib.in.us

15

En el Día de los Caídos, la gente toca una música especial llamada "Taps". Es la música que generalmente se escucha en los funerales militares, cuando se colocan las coronas, y en las ceremonias fúnebres.

Esta música se toca con un instrumento llamado trompeta.

El Día de los Caídos tiene muchos símbolos que recuerdan a la gente lo que se conmemora ese día. La Tumba de los Desconocidos es un símbolo de todos los soldados que murieron por su país.

La amapola roja es uno de los símbolos más conocidos del Día de los Caídos.

THIS MONUMENT
PERPETUATES THE MEMORY
OF THOSE WHO
TRUE TO THE INSTINCTS OF THEIR BIRTH,
FAITHFUL TO THE TEACHINGS OF THEIR FATHERS,
CONSTANT IN THEIR LOVE FOR THE STATE,
DIED IN THE PERFORMANCE OF THEIR DUTY:
WHO
HAVE GLORIFIED A FALLEN CAUSE
BY THE SIMPLE MANHOOD OF THEIR LIVES,
THE PATIENT ENDURANCE OF SUFFERING,
AND THE HEROISM OF DEATH,
AND WHO
IN THE DARK HOURS OF IMPRISONMENT,
IN THE HOPELESSNESS OF THE HOSPITAL,
IN THE SHORT, SHARP AGONY OF THE FIELD
FOUND SUPPORT AND CONSOLATION
IN THE BELIEF
THAT AT HOME THEY WOULD NOT BE FORGOTTEN.

UNVEILED
MAY 13, 1879

El Día de los Caídos se celebra de diferentes maneras y en diferentes fechas en el sur. Muchos estados del sur tienen un día especial para recordar a los soldados que lucharon por el sur en la Guerra Civil.

DATOS SOBRE EL DÍA DE LOS CAÍDOS

Estas páginas contienen más detalles sobre los interesantes datos de este libro. Están dirigidas a los adultos, como soporte, para que ayuden a los jóvenes lectores a redondear sus conocimientos sobre cada celebración presentada en la serie *Celebremos las fechas patrias*.

Páginas 4–5

El Día de los Caídos se celebra el último lunes de mayo de cada año. Este día conmemorativo fue creado para recordar los sacrificios hechos por los hombres y mujeres que murieron luchando por los Estados Unidos durante los tiempos de guerra. Originalmente, se lo conocía como el Día de la Condecoración. La primera ceremonia oficial del Día de la Condecoración se realizó el 30 de mayo de 1868 en el Cementerio Nacional de Arlington, en Virginia.

Páginas 6–7

El Día de los Caídos comenzó a conmemorarse poco después de la Guerra Civil. Durante el 1800, la Guerra Civil fue la guerra más sangrienta en la que peleó Estados Unidos. Al finalizar la guerra, en 1865, la gente de todo el país buscó formas de honrar a las más de 620.000 personas que murieron en la guerra. Muchas ciudades realizaban eventos conmemorativos. Waterloo, Nueva York, realizó el primer evento oficial del Día de los Caídos el 5 de mayo de 1866.

Páginas 8–9

John A. Logan fue un general de la Guerra Civil. Después de la guerra, ayudó a fundar una organización de veteranos de guerra. El 5 de mayo de 1868, Logan dictó la Orden General No. 11 en la que establecía el 30 de mayo como día oficial para recordar a los fallecidos en la Guerra Civil. Con el tiempo, esta conmemoración se hizo extensiva a todos los soldados estadounidenses caídos en cualquier guerra. El nombre oficial del Día de los Caídos fue adoptado en 1971 y la fecha se cambió del 30 de mayo al último lunes de mayo.

Páginas 10–11

El Día de los Caídos se conmemora en todos los Estados Unidos. En los desfiles conmemorativos participan veteranos de guerra y militares en servicio. En Ironton, Ohio, se realiza un desfile por el Día de los Caídos todos los años desde 1868. Más de 1.800 personas participan en este desfile, y más de 30.000 se reúnen en las veredas para mirarlo. En Washington, D.C., la gente asiste al Concierto Anual del Día de los Caídos, y millones más lo miran por televisión.

La gente se reúne en los monumentos y cementerios para recordar a los soldados caídos. En ocasiones, se realizan ceremonias formales donde se colocan coronas y en las que suelen participar veteranos de guerra y soldados en servicio. Se colocan flores, banderas y coronas sobre las tumbas y monumentos para recordar a los muertos en combate. En algunas ceremonias se rezan plegarias y se tocan canciones patrióticas o militares.

En el Día de los Caídos, se realizan eventos para honrar a los soldados estadounidenses. En 2000, el Congreso sancionó la Ley Nacional de la Hora del Recuerdo. Esta ley establece que a las 3:00 p.m. hora local, se haga silencio por un momento para recordar a los estadounidenses que pelearon y murieron en las guerras del mundo. En todo el país, la gente deja lo que está haciendo y hace un minuto de silencio.

En el Día de los Caídos, la gente toca una música especial llamada "Taps", que tiene solo 24 notas. Es una melodía muy simple pero muy conmovedora y fuerte. Se cree que esta música se originó en una señal de trompeta francesa llamada Tattoo. Se la tocaba para avisar a los soldados que era la hora de apagar las luces. En 1874, durante la Guerra Civil, fue adaptada por el General Daniel Butterfield y se la llamó Taps.

El Día de los Caídos tiene muchos símbolos que recuerdan a la gente lo que se conmemora ese día. La Tumba de los Desconocidos del Cementerio Nacional de Arlington, en Virginia, es uno de los símbolos más icónicos. Es el lugar donde yacen los restos de tres soldados estadounidenses que lucharon en tres guerras diferentes. No se sabe quiénes son estos soldados, por lo que representan a todos los soldados que pelearon y murieron por su país.

El Día de los Caídos se celebra de diferentes maneras y en diferentes fechas en el sur. Nueve estados del sur tienen sus propios días para honrar a los que perdieron su vida peleando por la Confederación en la Guerra Civil. La mayoría llama a este día el Día de los Confederados Caídos, pero en Tennessee se lo conoce como el Día de Condecoración de los Confederados y como el Día de los Héroes Confederados en Texas. La fecha de conmemoración varía entre abril y junio.

¡Visita www.av2books.com para disfrutar de tu libro interactivo de inglés y español!

Check out www.av2books.com for your interactive English and Spanish ebook!

1 **Entra en www.av2books.com**
Go to www.av2books.com

2 **Ingresa tu código**
Enter book code

G 243933

3 **¡Alimenta tu imaginación en línea!**
Fuel your imagination online!

www.av2books.com

Published by AV² by Weigl
350 5th Avenue, 59th Floor New York, NY 10118
Website: www.av2books.com www.weigl.com

Copyright ©2016 AV² by Weigl
All rights reserved. No part of this publication may be reproduced, stored in a retrieval system, or transmitted in any form or by any means, electronic, mechanical, photocopying, recording, or otherwise, without the prior written permission of the publisher.

Library of Congress Control Number: 2014949694

ISBN 978-1-4896-2670-7 (hardcover)
ISBN 978-1-4896-2671-4 (single-user eBook)
ISBN 978-1-4896-2672-1 (multi-user eBook)

Printed in the United States of America in North Mankato, Minnesota
1 2 3 4 5 6 7 8 9 0 18 17 16 15 14

112014
WEP020914

Project Coordinator: Jared Siemens
Spanish Editor: Translation Cloud LLC
Design and Layout: Ana María Vidal

Weigl acknowledges Getty Images as the primary image supplier for this title.